MARIAGE

DE

M. Armand JUMEL avec Mlle Jeanne GRAIRE

ALLOCUTION

Prononcée par M. l'Abbé MORELLE, en l'église Saint-Martin
d'Amiens, le 29 Mars 1886.

MARIAGE

DE

M. Armand JUMEL

AVEC

Mademoiselle JEANNE GRAIRE

ALLOCUTION

PRONONCÉE

Par Monsieur l'Abbé MORELLE

En l'église Saint-Martin d'Amiens
le 29 Mars 1886

AMIENS

TYPOGRAPHIE ET LITHOGRAPHIE T. JEUNET

45, RUE DES CAPUCINS, 45

1886.

Monsieur,

Mademoiselle,

C'est la Providence de Dieu qui mène toutes choses en ce monde. Elle a pour atteindre ses fins une action douce et forte tout ensemble, qui a lié à son gré les événements et les volontés.

N'en êtes-vous pas en ce moment tous les deux la preuve la plus éclatante? C'est elle qui vous a préparé ce jour appelé de tous vos vœux, et quand vous reprenez dans vos souvenirs ces sentiers imprévus qui vous ont conduits, presque à votre insu, au pied de cet autel, n'êtes-vous pas obligés d'avouer qu'un œil providentiel éclairait la route et qu'une main invisible soutenait vos pas?

C'est Dieu déjà qui a fait éclore au fond de votre cœur, ce germe de tendresse mutuelle qu'il y avait semé et dont votre démarche atteste le religieux épanouissement.

L'homme n'est pas fait pour la solitude (1). C'est l'oracle divin qui retentit à l'origine et qui fait se lever, à côté du berceau du premier homme endormi, une compagne semblable à lui. Adam à son réveil, faisant écho à la parole divine et confessant à son tour cette souffrance de son isolement, salue en cet être complémentaire l'os de ses os et la chair de sa chair (2). Plus d'une fois dans le cours des siècles mosaïques, Dieu proclame de nouveau cette loi primordiale et la justifie en même temps.

(1) *Non est bonum hominem esse solum.* (Gen. 2. 18.)
(2) Gen. 2. 23.

« Malheur, dit-il, à l'homme qui vit dans l'iso-
lement! Mieux vaut être deux que seul, car
si l'un tombe, l'autre le soutient... »

Mais ce qui est plus puissant encore, c'est un
triple lien ; celui-là se rompt difficilement (3).
Ce triple lien, vous l'avez connu, Monsieur, et
vous avez expérimenté la vérité de l'assertion
divine. C'est vous qui en fûtes le nœud, car
c'est sur votre berceau et sur votre cœur qu'il
s'est serré plus étroitement.

Ce qu'il a fallu à la maladie d'aiguillons, de
lents efforts et de patiente cruauté pour le
rompre enfin dans un suprême déchirement,
vous le savez aussi.

Est-il vraiment brisé?—Ceux qui vous ont vu
hier encore porter, sur une tombe inoubliée, le
fidèle hommage de votre filiale tendresse et de
votre prière reconnaissante, et ceux qui vous

(3) Eccle. 4. 10 et suiv.

voient en ce moment lever au ciel vos yeux
émus, pour y chercher le visage souriant et la
main bénissante d'une mère disparue, sont
bien obligés de reconnaître que ces liens, où
Dieu met sa bénédiction, défient la mort elle-
même.

En tout cas, vous restiez deux ; et la pro-
messe de l'Écriture s'accomplissait merveilleu-
sement : « *l'un soutenait l'autre* » ; à chaque
pas que vous faisiez dans la vie, vous vous
sentiez enveloppé d'une sollicitude, d'une expérience et d'une autorité mises au service de votre
faiblesse, si bien que vous n'avez pas fait un
faux pas et qu'au moment de marcher seul dans
la carrière, ceux qui ont eu vos confidences
vous ont entendu dire, non sans un accent de
sincère reconnaissance, que rien ne vaut pour
la formation de l'homme, comme une tendresse qui n'exclut point la fermeté et qui le
relève, au besoin, d'une pointe de sévérité.

Mais l'écho de la parole de l'Eden rendait au fond de votre cœur un son plus ému et au trouble de votre âme vous sentîtes que l'heure était venue pour vous d'obéir à l'ordre divin : « *L'homme quittera son père pour s'attacher à son épouse* » « *relinquet homo Patrem... et adhærebit uxori suæ.* » (1)

Dans cette grave conjoncture dont le dénouement décide de la vie toujours, et de l'éternité souvent, ce n'est ni de la légèreté, ni du caprice, ni des calculs humains que vous avez pris les conseils.

Sous un toit voisin du vôtre et entouré d'honorabilité et d'estime, achevait de s'épanouir, sous les regards croisés d'un père et d'une mère bien aimés, comme sous les feux couvergents d'un double soleil, une plante exquise. Vous saviez avec quel amour elle avait été cultivée et comment elle avait répondu à

(1) Gen. 2. 24.

ces soins. Dès lors, vous n'eûtes plus qu'une ambition, celle de compléter cette vie par la vôtre et d'unir, en la détachant à peine de son berceau, deux foyers qui nous devenaient également chers.

Là aussi l'avenir avec ses mystères et ses énigmes préoccupait les âmes, les faisant tressaillir et trembler tour à tour ; là aussi le triple lien au moment de se relâcher semblait se serrer davantage : « *funiculus triplex difficile rumpitur* ».

Et qui ne comprendrait pas l'anxiété d'un père, les terreurs d'une mère en sentant que le plus cher objet de leur tendresse va échapper à leur tutelle et en le voyant déployer ses ailes pour s'élancer dans le plein essor de son vol confiant vers des horizons inexplorés. C'est l'heure laborieuse entre toutes où la confiance doit faire équilibre à la crainte et où le cœur, se familiarisant avec l'inconnu, arrive à combattre les épouvantes du mystère par toutes les raisons qu'il a de se confier.

Cette situation délicate, Monsieur, vous n'avez eu que juste le temps de la constater en la dominant, et ce n'est pas le moindre relief de votre caractère d'avoir su par les charmes de votre bonté et par cette qualité souveraine d'une âme transparente qui ne permet ni obscurité, ni soupçon, faire succéder bien vite la confiance aux appréhensions et éclaircir l'horizon sur lequel devait se consommer un tel détachement.

Vous ne tardâtes point à constater avec une joie reconnaissante que le succès allait plus loin peut-être que vos espérances. Ce n'est pas seulement une compagne qui vous était promise... c'était une mère... *votre* mère qui vous était rendue... Même expérience de la douleur, même résignation sereine dans la souffrance, même patience chrétienne qui décourage la maladie !... Ne dirait-on pas que la tombe s'est entr'ouverte pour vous rendre celle que vous pleurez ?

Si ce ne sont pas ses traits, du moins, c'est son cœur qui vous donnera le même amour en réclamant de vous la même filiale vénération.

Et vos espoirs se couronnant enfin, ces autels se sont parés pour Vous ; pour Vous l'amitié a envahi ce temple, la religion a rapproché les prie-Dieu et allumé ces deux flambeaux, symbolisant la flamme d'un noble amour, qui demande à Dieu sa conservation avant d'affronter les indiscrétions du grand jour. Encore un instant et vos serments se confondant, confondront en même temps vos deux cœurs, vos deux vies, vos deux destinées, et tout à l'heure quand vous redescendrez les marches de ce temple, vous saluerez, une dernière fois, la chère vision d'un passé qui n'eut pour vous que des sourires, et devant vos pas s'ouvrira un avenir plein d'espérances, mais aussi d'obscurité.

N'essayons pas d'en déchirer les voiles; Dieu seul en a le droit. Et puis, à côté des joies que tout le monde vous souhaite ici — personne plus ardemment que moi — joies qui viennent du succès dans les entreprises des glorieuses conquêtes de l'éloquence mise au service de la justice; joies plus élevées qui se goûtent au fond d'un cœur qui sent son amour compris et partagé; joies plus saintes encore qui ont leur foyer dans l'œil de ce petit ange en qui on reconnaît son image et sa vie et qui est sous le toit chrétien comme le sourire de Dieu; à côté de ces joies espérées, nous verrions des épreuves, certaines épreuves qui sont la vie elle-même dont rarement les jours s'en vont les uns après les autres sans secousses comme les flots d'un fleuve tranquille; épreuves qui viennent d'une fortune inconstante en ses faveurs; épreuves plus cruelles de la mort qui, de sa main impitoyable, voile notre front d'un crêpe éternel; épreuves moins douloureuses sans doute, mais non moins rares et aussi intimes d'un amour qui s'étonne ou s'inquiète, ou d'un tête-à-tête dont la quotidienneté diminue le charme premier et met dans un relief plus éclatant les imperfections inséparables de l'humaine nature.

Ces menaces ne m'alarment point. Vous êtes armés pour les affronter. Les conseils d'une expérience acquise à la forte école des affaires ne vous manqueront point et votre foyer ne sera pas si éloigné de ceux qui abritèrent vos berceaux que les ailes paternelles ne puissent entrecroiser au-dessus leur ombre tutélaire.

Votre cœur aussi sera votre force. C'est cet amour noble, élevé, plus fort que la mort, que vous vous êtes voué, qui inspirera à chacun de vous les vertus domestiques qui font les foyers heureux. Cet esprit vif et fin, ce cœur généreux, ce courage ferme qui sont le fond de votre fière et loyale nature vous les mettrez, Monsieur, au service de celle dont vous serez l'ami, le soutien, oserai-je dire le chevalier ? autant que l'époux.

Et vous, Mademoiselle, tout en vous attachant à votre époux, étroitement, comme le lierre au chêne, vous ne vous désintéresserez ni de ses travaux, ni de ses joies, ni de ses peines. Vous serez ambitieuse pour lui comme ces fières germaines dont parle Tacite, vous partagerez ses *souffrances* comme ses *audaces*, « *idem passuram et ausuram* ». S'il est le gardien du foyer, vous en serez le charme et quand les soucis ingrats des affaires et les nobles labeurs de la parole auront fatigué sa pensée et obscurci son front, vous saurez lui faire dans le tête-à-tête de cette inviolable retraite un

3

repos rendu plus doux par ces prévenances de détail, ces attentions de choix, dont Dieu a mis le secret au cœur de l'épouse.

Pour cela faire, vous n'aurez qu'à vous souvenir, à vous souvenir de ce doux saint dont le charme séduisant a de bonne heure ravi votre admiration, dont le regard a béni vos fiançailles après que ses filles eurent formé votre cœur et qui savait mettre en toutes choses tant de bonté unie à tant de fermeté, et corriger si bien l'amertume de l'absinthe par la douceur du miel... vous souvenir des exemples du foyer, des leçons reçues tout enfant sur les genoux maternels, des traditions domestiques dont vous êtes l'héritière.

Il y a quelques jours, remuant à votre intention, et d'une main émue, les papiers intimes d'un prêtre vénérable, qui vous aimait d'une affection avivée encore par les lointains échos du sang et qui serait à ma place s'il n'avait plu

à Dieu de couronner plus tôt sa longue carrière ; mes yeux tombèrent sur une page déjà
jaunie par le temps, un quart de siècle ! C'est
un long espace dans la vie humaine... « *grande
spatium* ». Cette page écrite pour des jeunes
époux, renfermait, à côté d'éloges que je tairai,
des vœux, des espérances de bonheur qui se
concluaient par cette prophétie : « Les joies se-
« ront, époux bienaimés, votre mutuelle ré-
« compense, car tous deux vous aimerez, vous
« servirez de concert le Seigneur, le Dieu de
« vos pères. »

Cette prophétie il la réitère en votre faveur
du haut du ciel et par mes lèvres. Elle se réa-
lisera pour vous comme elle s'est réalisée pour
vos parents bien aimés et sa prière y aidera.

Enfin la suprême sauvegarde de l'union que
vous allez former c'est la grâce de Dieu. Cette
parole que vous allez vous donner, ces serments que vous allez vous jurer, Dieu les

prend, les élève et par la vertu mystérieuse d'une action invisible mais réelle, en fait une chose sainte, surnaturelle, ce que l'Eglise appelle un *sacrement*, aimant divin, qui coulant entre vos deux âmes, les soudera l'une à l'autre et leur donnera droit à l'heure périlleuse à des grâces de courage, de persévérance et de fidélité.

Ah ! voilà la vraie force du mariage chrétien, celle qui défie les défaillances de la volonté, les coups de l'adversité et les orages du cœur. Cette force divine, je veux l'implorer pour vous en terminant par une prière touchante que je recueille sur les lèvres du Pasteur vénéré(1) dont la bienveillance m'accorde en ce moment la consolation de vous bénir :

« Père saint, qui êtes au ciel, abaissez les
« regards de votre bonté sur cette famille qui

(1) M. l'abbé de Guillebon, curé de la paroisse Saint-Martin.

« va se constituer à l'ombre de votre autel ;
« que votre nom y soit tous les jours sanctifié
« et béni ; régnez-y en Maître et soyez-y aimé
« en père, que votre volonté s'accomplisse par
« l'observation de vos lois et celles de votre
« Eglise pendant de longues générations ;
« donnez-lui les bénédictions de la terre, que
« vous aimez à répandre sur vos serviteurs, et
« conservez-y le goût du pain céleste, nourri-
« ture fortifiante des âmes.

« Joie incomparable et lien tout-puissant des
« cœurs ; purifiez l'âme de ces jeunes époux,
« qui se font gloire d'être vos enfants, des
« fautes qui échappent à la fragilité humaine...
« enfin, ô Père qui êtes au ciel, délivrez-les de
« tout mal et par-dessus tout du malheur de
« ne pas répondre aux avances de votre amour.
« Ainsi soit-il. »

28736. — AMIENS, IMP. T. JEUNET.